REMANIEMENT

DE

L'EUROPE

RÉFLEXIONS

SUR LA QUESTION POLONAISE

PARIS
E. DENTU, LIBRAIRE-ÉDITEUR
PALAIS-ROYAL, 17 ET 19, GALERIE D'ORLÉANS
1863

REMANIEMENT
DE L'EUROPE

PARIS
IMPRIMERIE DE L. TINTERLIN ET Ce
Rue Neuve-des-Bons-Enfants, 3

REMANIEMENT

DE

L'EUROPE

RÉFLEXIONS

SUR LA QUESTION POLONAISE

PARIS

E. DENTU, LIBRAIRE-ÉDITEUR

PALAIS-ROYAL, 17 ET 19, GALERIE D'ORLÉANS

1865

A MONSIEUR PHILIPPE ROUX

Mon cher ami,

Vous croyez que mes réflexions sur la question polonaise pourraient être lues avec un certain intérêt, et vous désirez les publier. Sans aucun titre pour intervenir dans les débats, n'ayant pas même la prétention d'être un médiocre écrivain, je ne saurais partager votre opinion. Faites cependant cette publication à vos risques et périls, si vous pensez qu'elle puisse être utile à la thèse que je vous ai développée : *La résurrection de la Pologne par le remaniement pacifique de l'Europe.*

Votre bien dévoué,

Alfred BRIOSNE.

1er Novembre 1863.

REMANIEMENT

DE L'EUROPE

RÉFLEXIONS

SUR LA QUESTION POLONAISE

20 octobre 1863.

MON CHER ROUX,

Au milieu de l'agitation universelle que produit le mouvement polonais, il est bien difficile de faire entendre des paroles où dominent le calme et la modération, sans s'exposer aux reproches et aux accusations les plus graves. La raison est bien pâle, comparée aux sentiments violents qui émeuvent tous les pays civilisés au bruit que fait ce merveilleux gouvernement national, écrivant une page héroïque sans précédents dans l'histoire, ou lorsqu'arrivent les détails de cette répression sauvage qui n'est plus de notre temps : et cependant, si jamais l'esprit des hommes politiques eut besoin de se montrer supérieur à l'effervescence d'une généreuse indignation, n'est-ce pas pour arriver à mettre fin à cette crise terrible qui ébranle l'Europe entière ?

La responsabilité d'un gouvernement est bien grande, lorsque, dans une pareille situation, il n'a d'autre alternative qu'un conflit sanglant, capable de bouleverser le monde civilisé, ou une abstention, en opposition flagrante avec la conscience irritée du pays ; on conçoit qu'il hésite avant de se lancer irrévocablement dans l'une ou l'autre voie ; mais la responsabilité des citoyens qui, par leur position ou leur talent, ont une certaine influence sur l'opinion publique, est-elle donc moins grande, lorsque tous leurs efforts tendent à amener une intervention dont ils n'ont pas tout d'abord bien démontré les conséquences ?

« Fais ce que dois, advienne que pourra, » a répondu *le Siècle* aux journaux anglais, défendant la politique de leur gouvernement. Est-ce bien réellement là la dernière formule d'un homme d'État, dont la parole ou l'action doit faire sortir de sa tranquillité un grand peuple ?

Il n'est pas difficile, dans un pays comme le nôtre, de surexciter certains sentiments chevaleresques, certaines tendances généreuses de notre esprit national qui nous poussent toujours aux aventures hasardeuses ; mais si, en demandant l'action militaire de la France en faveur de la Pologne, on eût mis en regard la carte à payer, c'est-à-dire une guerre générale de plusieurs années et peut-être un million d'hommes et quatre ou cinq milliards à sacrifier ; si on eût montré le commerce et l'industrie, les sources de la prospérité publique, délaissées pour consacrer tous nos efforts au succès de l'entreprise, et tout cela pour arriver à remanier la carte de l'Europe sans autre perspective pour nous que des dangers à courir, peut-être bien que les sympathies pour la Pologne n'eussent pas été affaiblies ni la guerre évitée ; mais certainement les esprits eussent désiré avec plus de persistance une solution acceptable pour tous et plus conforme aux mœurs et aux besoins de notre époque. On eût persévéré dans la recherche de moyens pacifiques, au lieu d'en appeler tout d'abord à la force en poussant les populations européennes les unes contre les autres, comme des bandes d'animaux sauvages qui n'ont d'autres ressources que la logique de leurs mâchoires.

Après l'échec diplomatique de la France, dont la dignité est justement froissée et dont l'opinion publique est profondément émue, peut-être, pour beaucoup, n'est-il plus opportun de parler de conciliation ; mais, suivant moi, il n'est jamais trop tard pour essayer d'arrêter l'effusion du sang, et j'ai la conviction que la question peut être résolue sans conflit européen. Ce conflit, s'il fallait inévitablement l'engager pour sauver la Pologne, je n'hésiterais pas ; mais si ma confiance dans la puissance de mon pays me portait à l'envisager sans crainte pour le succès de nos armes, ma raison me le ferait toujours considérer comme un événement qui pourrait nuire à l'avenir de la civilisation et de la liberté.

Lisez-moi jusqu'au bout, mon cher Roux, et peut-être partagerez-vous mes idées pacifiques.

Le partage de la Pologne par les trois puissances n'a pas même pour excuse le vieux droit de conquête, puisqu'il est le résultat d'une odieuse intrigue, d'une invasion en pleine paix. Quant à la moralité, le fait est le même, il résulte de l'application de la loi du plus fort; mais quant aux conséquences, le fait peut être tout différent.

Une province conquise par l'astuce ou par la guerre peut résister longtemps avant d'être complétement assimilée; sa résistance toute locale et peu apparente passe inaperçue et reste sans influence sur la marche générale du monde; peu à peu elle finit par être absorbée et par accepter la vie sociale commune avec le conquérant. Pour une nation entière qui a eu son histoire, sa vie politique, ses mœurs particulières, sa religion différente de celle de l'envahisseur, il n'en est pas nécessairement ainsi. — A de longs intervalles son esprit national peut se réveiller et manifester son besoin d'indépendance par des convulsions qui agitent, non-seulement les États du conquérant, mais encore le reste du monde; et, comme dans ce cas la paix générale est troublée, c'est un fait accompli sur lequel il est d'intérêt général de revenir. Si le dominateur, par son impuissance à s'assimiler la conquête, transforme sa domination en tyrannie odieuse, qui indigne périodiquement la conscience universelle et met la paix du monde en question, les nations spectatrices, quelle que soit la teneur des traités internationaux, ont certainement le droit, au nom de l'intérêt commun, de s'interposer et de dénouer la situation.

La Pologne est précisément dans ce cas. En vain, depuis le partage, des traités ont consacré le fait accompli à de certaines conditions, en vain ses tentatives de révoltes ont été étouffées dans le sang, de nouvelles convulsions sont toujours venues constater l'énergie de sa vitalité et la nécessité d'une intervention générale, comme seul moyen d'éteindre ce foyer d'agitation continuelle pour l'Europe.

L'absorption lente de la Pologne, habilement amenée par le rachat des propriétés et la dépopulation, eût pu passer inaperçue ; mais la compression sauvage et la résistance héroïque qui se passent sous nos yeux ont forcé les plus sourds à entendre et les plus aveugles à voir. La moralité du partage est la même aujourd'hui qu'hier ; mais hier c'était un fait historique discuté et désapprouvé, dont le silence était la meilleure sauvegarde, aujourd'hui c'est un acte odieux. Les esprits sont surexcités par les récits effrayants qui nous arrivent chaque jour du théâtre de la lutte, et l'on est bien près de vouloir, coûte que coûte, y mettre fin.

L'homme est ainsi fait, ce qui ne parle qu'à sa raison le laisse presque indifférent, ce qui parle à ses sens, à son imagination, seul le fait agir.

Les sympathies pour la Pologne me paraissent presque unanimes en France ; mais elles se manifestent sous des formes très-variées, en rapport avec les vues générales et les espérances cachées de chacun. La question polonaise devient ainsi un champ-clos, où presque tous les partis laissent lire à livre ouvert leurs pensées les plus secrètes.

Une des opinions les plus répandues est celle dont *le Siècle* s'est fait le champion : l'intervention armée de la France avec ou sans l'Angleterre, mais suivie par l'Italie et les États secondaires. Le but avoué du *Siècle*, c'est la liberté, non-seulement du duché de Varsovie, mais encore des anciennes provinces polonaises possédées par la Russie. Il ne se dissimule pas non plus que la guerre avec la Russie c'est aussi la guerre avec la Prusse, et, par conséquent, dans un temps donné, forcément, l'affranchissement des possessions prussiennes.

Cette opinion est assez conforme à notre caractère national qui nous porte à prendre en main la cause des opprimés. Mais en faisant appel à ces sentiments généreux, ne court-on pas grand risque de réveiller notre esprit belliqueux, déjà si peu endormi, et est-ce bien répondre aux besoins de l'époque que de provoquer ce réveil ?

Puis, quand on se lance dans une aventure de ce genre, il faut au moins en montrer franchement les suites inévitables, pour que l'opinion se prononce en toute connaissance de cause. — Dans une guerre contre la Prusse et la Russie, dont la reconstitution de la Pologne serait le but avoué, que ferait l'Autriche, déjà si indécise, dit-on ? — *Le Siècle* ne s'étend pas trop à ce sujet. Est-ce de peur de refroidir ses partisans ? Est-ce pour éviter de porter un jugement prématuré ? — Il faut pourtant aller jusqu'au bout, sans cacher ni même atténuer une partie de la vérité.

Reconstituer la Pologne incomplétement, c'est créer des difficultés à résoudre plus tard, c'est mal trancher la question. — Comment admettre qu'un grand peuple, fortement organisé, ne réclame pas, un jour ou l'autre, ses provinces détachées, quand nous le voyons, aujourd'hui, malgré son triple asservissement, réclamer si énergiquement son indépendance ? — C'est donc préparer une lutte nouvelle pour l'avenir. Alors, pourquoi la guerre ?

Reconstituer entièrement la Pologne, c'est la guerre avec l'Autriche et, si elle est heureuse, la dépossession des trois puissances. — Alors, ce n'est plus seulement la renaissance de la Pologne que produira la guerre, c'est le remaniement complet de la carte de l'Europe.

Ne pas voir cela, c'est être aveugle. Le voir et ne pas le dire, c'est induire le pays en erreur.

Si c'est le remaniement de l'Europe que se propose *le Siècle*, est-il bien dans son rôle de défenseur des idées libérales en y poussant par la force des armes, au lieu de s'ingénier à trouver la solution du problème par des moyens plus en rapport avec les tendances conciliantes de notre époque ?

Un pareil événement, pour être utile à la civilisation et fécond en résultats libéraux, doit être le résultat de la volonté presqu'unanime des peuples et de leurs gouvernements.

L'opinion du *Siècle* répond bien aux sentiments généreux du pays, mais elle est incomplétement exposée. Ses côtés brillants sont mis en lumière, mais ses difficultés sont dissimulées, sinon entièrement cachées. Quant aux conséquences finales, elles sont passées sous silence. De plus, les moyens proposés sont, tout d'abord, la force, c'est-à-dire, la négation du véritable esprit libéral qui cherche le progrès par la raison et l'intérêt bien entendu. Ne sera-t-il pas toujours temps d'en appeler aux armes, lorsqu'il sera bien démontré qu'il est impossible de faire autrement?

Vient l'opinion des révolutionnaires (qu'on appelle ainsi, probablement par habitude). — Les révolutionnaires veulent la guerre pour la Pologne comme ils ont fini par vouloir la guerre pour l'Italie, comme ils voudront la guerre pour la Hongrie, dans l'espérance qu'il surgira du conflit des événements qui leur seront favorables.

A ces amis de la Pologne, on peut répéter ce que je viens de dire au sujet du *Siècle :* —Défenseurs dévoués du progrès universel et de l'affranchissement du monde, est-ce bien par la guerre que vous arriverez à ce résultat? — Dans un pareil conflit, n'y a-t-il pas danger de voir l'influence civile s'effacer devant l'influence militaire et les gouvernements plus ou moins constitutionnels faire place pour longtemps à de lourdes dictatures ?

En résumé, de ce côté, pas de plan défini, discutable. Les armes s'empareront de la question, le hasard des batailles la résoudra. Et voilà où ils en sont!

Une autre école, qui espère transformer le monde

par la persuasion, et qui a pour moyens d'action le développement du crédit, de l'association et de la liberté, est aussi sympathique à la Pologne , qu'elle voudrait voir renaître à la vie politique ; mais pacifique par raison, elle redoute l'action militaire.

Ici, rien à dire. Sympathies pour le fond , indécision pour la forme. Pas d'opinion nettement formulée.

Il y a encore l'opinion soutenue par M. E. de Girardin. La liberté pour la Russie, et la liberté pour la Pologne par la Russie. C'est une théorie qui peut séduire au premier abord ; malheureusement, son application doit être précédée de la soumission de la Pologne. — Admettons cette soumission ; après? — Si la Russie recule, qui la contraindra à réaliser les espérances qu'elle aura laissé grandir ? Il faudra passer condamnation sur son refus ou faire encore la guerre, et la guerre pour un pays soumis, calmé pour longtemps ; car des efforts pareils à ceux de l'insurrection polonaise sont toujours suivis d'un grand abattement. M. E. de Girardin échouerait à démontrer à l'esprit le mieux disposé, que cette alternative serait préférable à la situation actuelle, même en mettant en ligne de compte la chance si petite que la Russie trouve conforme à ses intérêts de réaliser ses promesses.

Puis, qui indique que la Pologne consentirait à se laisser absorber , dans l'espoir d'une liberté commune avec la Russie ? — Tout ne prouve-t-il pas le contraire ? — Il faudrait donc laisser la Russie lui faire accepter cette union par les moyens que chacun connaît, ou que l'Europe intervienne et se charge de la réduire au silence et à l'obéissance? — M. de Girardin pourrait-il répondre à cela? — Ici encore crainte de la guerre, mais pas de solution.

La France était en droit d'attendre du grand parti qui l'a si longtemps gouvernée, des conseils précis, et pratiques surtout, sur la question polonaise. Quoique ce parti n'ait pas réalisé les espérances que son avénement au pouvoir avait fait naître, sa manière de comprendre la liberté et le gouvernement constitutionnel, si elle rencontre de consciencieux adversaires dans les historiens de l'avenir, trouvera aussi de sérieux défenseurs, et, malgré sa chute, il a conservé des adhérents influents, sinon par le nombre, du moins par le caractère et le talent. A quoi donc attribuer son indécision? Est-ce la position difficile de ses principaux chefs qui l'empêche de se prononcer ouvertement? Est-ce sa conduite passée qui pèse lourdement sur lui et le rend impuissant au sujet de la Pologne, qu'un jour il a laissée écraser par la Russie, lorsqu'il pouvait la sauver? — Je n'ose me prononcer ; mais l'attitude flottante (à peine colorée par de vagues sympathies) qu'ont prise ses défenseurs, est profondément regrettable. Dans de pareilles circonstances un grand parti n'a pas moralement le droit de se tenir sur la réserve, il faut qu'il assume sur lui la responsabilité d'une opinion clairement formulée.

Il y a enfin le parti catholique, qui verrait favorablement la reconstitution de la Pologne, ce serait un nouvel appoint à ses forces. La part héroïque que prend le clergé, dans le soulèvement national des Polonais, donnerait une grande influence à sa voix ; mais sa situation particulière, la lutte où il se trouve engagé contre l'esprit de l'époque paralyse son action. Il a de grandes sympathies, mais aucune marche vigoureusement dessinée.

Ainsi, mon cher Roux, non-seulement en France, mais encore dans toute l'Europe, sans en excepter la Pologne et la Russie, qui, seules au moins, savent ce qu'elles veulent, tout est ténèbres pour l'avenir. Aucune voie prudemment tracée, où puisse s'engager l'homme paisible qui ne voit le progrès que dans le développement pacifique de la civilisation, et qui cependant se sent frémir d'indignation aux récits qui nous arrivent de la Vistule. Au milieu des discussions confuses qui retentissent chaque jour, sans rien résoudre, un seul moyen pratique reste debout, celui, si peu concluant, que propose le journal *le Siècle* : La guerre d'abord, la guerre n'importe comment, quitte à voir plus tard. « Fais ce que dois, advienne que pourra. »

Reste le gouvernement dont la pensée définitive est encore inconnue (1) et qui, à cause de cela, devient le centre où aboutissent toutes les espérances,

(1) Le discours d'ouverture de la session de 1864, vient de l'indiquer : la guerre ; mais seulement s'il est impossible « par suite de « secrets projets qui redoutent le grand jour, » d'arriver à une entente générale qui donne satisfaction « aux légitimes aspirations « des peuples, » en établissant « un ordre de choses fondé désormais sur l'intérêt bien compris des souverains et des peuples. »

P. R.

toutes les récriminations et tous les reproches justes ou non; le gouvernement sur qui va retomber forcément toute la responsabilité des conséquences de la situation, quelle que soit la marche qu'il se détermine à suivre.

En théorie, le gouvernement, comme les citoyens, peut faire toute espèce de spéculation sur les événements; mais, en fait, si chacun peut se tromper sans grand danger, lui n'a pas le droit de commettre d'erreur. Dans chaque question importante, non-seulement sa popularité, sa véritable puissance, est en jeu, mais encore chacune de ses déterminations engage, bien ou mal, la tranquillité et la fortune de tous les citoyens, la dignité nationale, l'avenir du pays qu'il dirige.

En tenant compte de cette responsabilité, il est bien difficile de porter un jugement irréprochable sur la conduite du gouvernement. Pour l'homme qui a un plan arrêté, un but déterminé, le jugement va de soi: tout ce qui se rapproche de son idée est bien, tout ce qui s'en éloigne est mal; et cette manière de juger n'est pas complétement mauvaise; mais pour l'homme sans parti pris, qui voudrait être impartial et ne considérer que le bien général du pays à tous les points de vue, indépendamment d'une grande justesse de coup d'œil et de la connaissance absolue des événements et de leurs causes apparentes ou réelles, il lui faudrait encore un cœur vide de toute passion, une tête dégagée de toute idée arrêtée sur les hommes et les choses; et quel est celui qui pourrait affirmer être dans une pareille condition?

Pour ne pas être entraîné, malgré moi, à vous exprimer des espérances cachées, sous prétexte d'apprécier la marche du gouvernement, je me bornerai à vous exposer, sans aucune réticence, la situation qu'il est appelé à dénouer.

Un mot d'abord sur l'intervention diplomatique. Son insuccès a donné raison à ceux qui proclamaient, à l'avance, l'impuissance de la diplomatie. Elle n'a abouti, il faut bien le reconnaître, — quoi qu'il en puisse coûter à notre amour-propre, — qu'à un échec, non-seulement pour le gouvernement, mais encore pour les peuples de l'Europe, dont les trois puissances traduisaient le sentiment à peu près général. Malgré cela, cette intervention n'aura pas été complétement inutile. Si la guerre est déclarée, les gouvernements n'auront pas à redouter l'opposition de l'esprit public, car ils auront fait le possible pour éviter cette cruelle extrémité.

Puis, il me semble voir, dans cette intervention, un fait bien autrement important que la paix ou la guerre, c'est l'influence de l'opinion publique de l'Europe civilisée, sans distinction de nationalités, dans les débats internationaux. Sans moyens officiels pour intervenir et traduire ses volontés, elle ne peut que manifester incomplétement ses sentiments, et cependant son appui fait la principale force des gouvernements. Si avec cet appui commun l'entente est si difficile à s'établir entre eux, cela tient à des vues politiques particulières, qui neutralisent les bons effets de l'opinion générale, et à des intérêts spéciaux à chaque nation qui cherchent à se substituer aux intérêts communs à l'Europe entière, aux derniers efforts, enfin, de la vieille politique, s'appuyant sur l'antagonisme des peuples, contre la politique de l'avenir qui s'appuiera sur leur solidarité.

Si mon appréciation n'est pas erronée, cela n'indique-t-il pas que les temps sont proches où l'Europe aura des organes officiels, qui seront investis du droit de régler par arbitrage les démêlés des nations, et qui posséderont la force nécessaire pour faire exécuter leurs décisions. Ces décisions seront acclamées par les peuples, car elles donneront satisfaction, non à l'orgueil ou à la satisfaction de tel ou tel pays, mais aux tendances de la civilisation, aux intérêts supérieurs de l'humanité.— Quoi qu'il en soit de mes prévisions, chimériques peut-être, voici où nous en sommes pour faire la guerre.

La Russie marche à la conquête de l'ancien monde par deux grands chemins, où ses étapes sont marquées. Nous l'avons arrêtée en Crimée, sur la route de Constantinople; mais le partage de la Pologne, en la rendant limitrophe de l'Allemagne, l'a établie au centre de l'Europe. Aussi, tous ses efforts depuis cette époque ont-ils tendu à absorber définitivement sa conquête, sans se soucier des conditions, plus apparentes que réelles, qui sanctionnaient sa possession. Les convulsions périodiques de la Pologne l'ont seules empêchée de donner suite à ses projets, aux époques favorables qui se sont présentées depuis 1815. Les nécessités de sa politique traditionnelle l'obligent à s'assimiler complétement ses provinces polonaises, à tout prix, pour pouvoir disposer librement de ses forces; et, à ce point de vue, le système de Mourawiew, tout horrible qu'il soit, est très-logique : ne pouvant détruire le sentiment national des habitants, il dépeuple le pays. Les Romains en agissaient ainsi. Après la prise d'une ville ils vendaient les habitants à l'encan et la peuplaient de nouveaux citoyens, appartenant à leur propre race.

L'erreur de la diplomatie est d'avoir pu croire que la Russie, après avoir pris une pareille détermination, céderait quoi que ce soit sans compensation. — La Russie ne cédera rien et elle ne peut rien céder. Elle possède la Pologne par droit de conquête et ses projets d'avenir exigent qu'elle en dispose à son gré. Si les Polonais résistent, elle supprimera les Polonais, mais elle gardera la Pologne. — Si l'Europe s'en mêle, comme elle suppose que les gouvernements européens ont plus à perdre qu'elle dans un conflit général, elle fera la guerre à l'Europe et elle sacrifiera jusqu'à son dernier homme et son dernier écu, plutôt que de céder un pouce de terrain, une parcelle de ses droits prétendus. Voilà ce dont il faut être bien convaincu en entreprenant une guerre contre la Russie. Les gouvernements pourront essayer de la réduire, les peuples seuls la feraient reculer.

La Prusse est presque dans le même cas. Royaume de récente création par suite de conquête, lui demander seulement de rester neutre dans une guerre qui aurait pour but de reconstituer, même partiellement, la Pologne, c'est lui demander le sacrifice de ses provinces polonaises dans un temps peu éloigné ; c'est lui proposer de redescendre volontairement au rang de puissance de second ordre. Bien certainement elle jouera son va-tout avant de se laisser démembrer. Battue avec la Russie, que pourrait-il lui arriver de pis ? — Aussi n'a-t-elle pas hésité : Elle est avec la Russie.

La position de l'Autriche est plus complexe. Composée de nationalités diverses qu'elle ne conserve que par la force, elle est toujours à la veille d'une dissolution totale qu'elle prévient à l'aide de sa grande habileté politique (1). Toute modification à l'état actuel de la Pologne est contraire à ses intérêts. Lui demander la guerre à la Russie, c'est lui demander l'abandon de ses provinces polonaises ; lui demander la guerre contre la France, c'est lui demander le sacrifice de ce qui lui reste de l'Italie et peut-être de la Hongrie. S'il faut négocier, elle sera avec nous ; s'il faut se battre, elle fera son possible pour rester neutre : et qu'est-ce que la neutralité ? une fort belle chose en théorie qui n'existe presque jamais en pratique. Les neutralités sont toujours, ou antipathiques

(1) Les provinces non allemandes de l'Empire d'Autriche sont toutes réclamées par différentes nationalités. La Galicie appartient à la Pologne ; la Bucowine, que l'Autriche possède depuis 1791, par le traité de Sistowa, a fait longtemps partie de la Moldavie, et quelques historiens la regardent comme le berceau de la nation Moldo-Valaque. La couronne de Hongrie possédait les provinces de Hongrie propre, Croatie, Slavonie, Voïvodie-Serbe, Banat, confins militaires et Transylvanie. La Dalmatie seule, enfermée entre l'Adriatique, la Croatie et la Turquie, ne paraît se rattacher absolument à aucune nationalité ; mais, géographiquement, si elle n'est pas indépendante, elle appartient soit à la Hongrie, soit à la Turquie, soit au Monténégro. P. R.

ou sympathiques ; par conséquent, ce ne sont que des interventions déguisées.

La neutralité, telle que l'Autriche la pratique aujourd'hui à l'égard des Polonais, n'est-elle pas une intervention réelle en faveur de la Russie ? Si, poussée à bout par les événements, l'Autriche est obligée de prendre un parti, certainement ce sera celui de la Russie, et cela vaudra peut-être mieux pour nous, car au moins nous éviterons une deuxième édition de 1815.

Ainsi, s'il y a la guerre, la Russie, l'Autriche et la Prusse seront amenées à la soutenir en commun ; et elles la feront à outrance pour ne pas être dépossédées de leurs provinces polonaises.

L'Allemagne, proprement dite, devrait être contre la Russie pour la Pologne. Son intérêt bien entendu réclame l'existence d'une grande nation entre elle et l'ambition russe. Et, cependant, l'Allemagne suivra l'Autriche et la Prusse, parce que l'Allemagne nous est hostile. Cela tient à bien des raisons qu'il serait trop long d'exposer. C'est mon appréciation que je vous donne, puisse-t-elle être fausse !

Ce n'est pas tout. — L'Angleterre ne sera pas pour nous. Non qu'elle ne soit sympathique à la Pologne, bien au contraire ; mais elle redoute notre prépondérance, et surtout notre caractère facile aux entraînements belliqueux. Je vous dis ce que je crois vrai, mon cher Roux ! — L'Angleterre méthodique, mais persévérante dans ses résolutions, ne trouve aucune sécurité dans notre esprit généreux, mais versatile, qui laisse toujours une porte ouverte à l'imprévu. S'il y a la guerre, poussé par les populations, le gouvernement anglais nous suivra peut-être, mais pour nous abandonner aussitôt qu'il verra moyen de traiter avec l'ennemi, en donnant une certaine satisfaction à l'esprit public de John Bull.

Voyez son étrange politique : il proclame la justice de la cause polonaise, puis, contrairement aux conséquences logiques de cette déclaration publique, il s'empresse d'informer l'Europe que l'intérêt et l'honneur de l'Angleterre n'exigent pas qu'elle fasse la guerre à la Russie. S'il n'eût pas été sous l'influence d'une préoccupation étrangère à la question polonaise, c'est justement le langage contraire qu'il eût dû tenir. Que serait-il advenu, si le gouvernement anglais eût déclaré à l'Europe : qu'il trouvait juste la cause polonaise, et qu'il la soutiendrait, fallût-il faire la guerre à la Russie ; mais que, toutes les nations civilisées ayant le plus grand intérêt à conserver la paix, il poursuivrait la solution pacifique de la question par tous les moyens compatibles avec l'honneur de l'Angleterre, avant d'avoir recours aux armes (1) ?

Quelle force en eût résulté pour peser sur la Russie ! Au lieu de cela, de fâcheuses incertitudes, un terrain mouvant sur lequel la France redoutera de s'aventurer.

Voilà le passif, voyons l'actif !

La Suède et le Danemark, deux petits États qui

(1) Par son discours d'ouverture des Chambres, le Gouvernemen français vient presque de prendre cette attitude. P. R.

ont eux-mêmes besoin d'être soutenus contre l'Allemagne et la Ruissie.

La Turquie, un empire en ruines, dont les peuples fanatisés oppriment une nombreuse population chrétienne et nous traitent avec un profond et ridicule mépris. Empire qui s'écroulerait, du jour au lendemain, si les puissances européennes n'avaient intérêt à le soutenir, pour éviter les luttes auxquelles donnerait lieu l'ouverture de sa succession.

Enfin, l'Italie, un jeune royaume en pleine formation et qui aurait besoin de dix ans de tranquillité pour s'organiser.

La France, elle-même, calme à l'intérieur, mais embarrassée par une question presque insoluble pour le moment, la question romaine, et par la guerre du Mexique. Je ne vous donne aucune réflexion sur cette guerre, c'est un fait accompli. Seulement il est facile de voir, qu'à moins de faits nouveaux, elle poussera les Américains du Nord à abandonner leurs vieux alliés pour soutenir la Russie.

Voilà les éléments avec lesquels commencera peut-être une lutte qui, si elle s'engage une fois, entraînera certainement le remaniement de l'Europe.

Je sais bien que la France possède d'immenses ressources. Concentrée sous une puissante dictature militaire, elle peut, pour un temps, faire face à toutes les nécessités.—Entraînée par l'élan révolutionnaire, elle peut jeter des brandons sur toute l'Europe, ébranler les vieux empires au nom de la liberté, en appelant les peuples sur les champs de bataille ; — mais ces moyens violents sont-ils bien en rapport avec nos mœurs et avec les intérêts bien entendus des peuples et de la civilisation?

Allons jusqu'au bout. — J'admets la guerre, une guerre heureuse, s'il est permis de se servir de ce mot; — après la victoire, il faudra bien arriver à traiter! — Eh bien! puisque, d'une façon ou d'une autre, on finira toujours par s'entendre après, ma raison se refuse à comprendre qu'il soit impossible de s'entendre avant. En quoi des contrées désolées, des champs jonchés de cadavres auront-ils modifié la situation? Les belligérants seront épuisés, j'en conviens; mais pourquoi ce qu'ils décideront alors, ne pourraient-ils le décider aujourd'hui? Les nations seraient-elles donc, comme de certains hommes, sujettes à des transports au cerveau, et n'ayant de bon sens qu'après d'abondantes saignées?

Autrefois on faisait la guerre dans un but de conquête, puis la paix se signait, onéreuse pour le vaincu, glorieuse pour le vainqueur. — Les paix triomphantes du règne de Louis XIV en ont-elles empêché la fin désastreuse? — Les paix, plus favorables encore, du premier Empire, ont-elles prévenu le retour de la Restauration? — Qu'y ont donc gagné les peuples? Les expositions universelles, voilà les champs de bataille où ils ont intérêt à se rencontrer, et leurs traités s'appellent traités de commerce. Dans l'état actuel de l'Europe une guerre générale ne peut avoir d'autre but, qu'une paix plus avantageuse pour tous. S'il en était autrement, ce ne serait qu'une trêve passagère nécessitée par l'affaiblissement du vaincu; mais la lutte recommencerait avec le retour de ses forces.

Si la guerre ne peut avoir lieu que pour arriver à une paix plus conforme aux besoins généraux de l'Europe, — si cette paix, pour être sérieuse, doit offrir aux belligérants des avantages qui balancent les pertes subies, serait-il donc difficile aux nations, qui ne veulent rien gagner au conflit et qui n'y peuvent rien perdre, d'en poser les conditions principales avant les hostilités? Et un mot, l'Europe devant être remaniée, par suite de la guerre, qui empêcherait les puissances occidentales de s'entendre sur les bases de ce remaniement et de les soumettre à la discussion? — Un remaniement amiable serait-il donc tout à fait impossible? — Je ne le crois pas (1).

La situation réclame deux grandes mesures. Une nouvelle division du sol et un nouveau droit public européen, qui consacre cette division et donne plus de sécurité pour l'avenir.

Les bases de l'une et de l'autre de ces mesures seraient presque indiquées par l'opinion publique, si elle pouvait formuler ses besoins.

Division du sol :

1° La Russie possède la Pologne, qui lui ouvre l'Allemagne, et elle convoite Constantinople.

L'Europe redemanderait à la Russie la Pologne avec ses anciennes provinces et la Finlande, la faisant ainsi rétrograder de deux siècles. Comme compensation, elle lui donnerait Constantinople en renvoyant les Turcs en Asie.

(1) Le Gouvernement français vient de faire, dans le sens de la conciliation, un large appel à l'Europe, puisse-t-il être entendu!

P. R.

2° L'Allemagne est un puissant pays, qui est doué à un très-haut degré du sentiment de sa nationalité. Mais il a aussi un très-grand défaut pour ses voisins, il est envahisseur. Tout autour de lui, sous différents noms, il possède des provinces non allemandes qui tendent continuellement à s'affranchir, ce qui est un perpétuel sujet de troubles.

L'Europe ferait rentrer l'Allemagne dans ses frontières naturelles, laissant ses peuples libres de rester confédérés sous une multitude de souverains ou de constituer leur unité.

3° La Pologne, rendue à elle-même, formerait un puissant État entre l'Allemagne et la Russie.

4° La Hongrie, débarrassée de la tutelle de l'Autriche, formerait, seule, ou fédérée avec les Principautés Danubiennes et d'autres provinces détachées de la Turquie, un État qui servirait, de ce côté, de barrière à la Russie (1).

5° L'Italie formerait une deuxième ligne entre la Russie et l'Occident.

6° La France, l'Angleterre et l'Espagne ne subiraient aucune modification.

Si on pouvait faire abstraction de la politique par-

(1) S'il était admis que l'Allemagne proprement dite s'étende de a mer du Nord et de la mer Baltique à l'Adriatique,, coupant ainsi l'Europe en deux, la Hongrie serait séparée de l'Italie. Mais si les anciens États de terre ferme, ayant appartenu à Venise, étaient reconnus non allemands (ils font partie de la Confédération Germanique, une portion du littoral, du moins, depuis 1815, pour la sûreté de l'Autriche), la Hongrie serait limitrophe de l'Italie par la Croatie et pourrait communiquer avec la France sans traverser l'Allemagne.

P. R.

ticulière des gouvernements, l'Europe, ainsi divisée, ne réaliserait-elle pas les vœux des populations qui la composent? — Qui s'opposerait à une pareille solution et par quels motifs?

1° D'abord la Russie. Pourquoi? Sa position ne serait-elle pas aussi belle sur le Bosphore que sur la Vistule? Mais en supposant que la Russie trouve son intérêt dans ce changement, sa présence à Constantinople ne serait-elle pas un danger pour l'Europe?

Est-il bien possible que cent quatre-vingts millions d'habitants civilisés, qui peuvent mettre dix millions d'hommes sous les armes, craignent sérieusement soixante-dix millions de populations à demi barbares et dispersées sur d'immenses étendues? Cette crainte, si elle existe réellement, est puérile. Ce qui pourrait faire la force de la Russie, ce serait l'antagonisme des gouvernements; en présence de peuples libres, réunis par des intérêts communs, son ambition ne serait que ridicule et nuisible à sa prospérité. Ce n'est pas la barbarie qui, de Constantinople, envahirait l'Europe, c'est la civilisation qui, tôt ou tard, envahirait la Russie, en forçant cette puissance à ouvrir ses frontières au commerce, à l'industrie et aux populations, comme l'Europe lui ouvrirait les siennes.

2° La Pologne, la Hongrie et l'Italie accepteraient ce remaniement avec enthousiasme.

3° L'Allemagne seule refuserait, et encore entendons-nous! — la Prusse et l'Autriche rétrogrades: car le parti libéral qui veut l'unité allemande profiterait peut-être de l'occasion pour la constituer.

Puis, il n'est pas bien certain que les États secondaires vissent de mauvais œil l'affaiblissement des deux rivales, dont la puissance les annihile et dont l'antagonisme trouble la tranquillité générale, tandis que l'état perpétuel de lutte où les tiennent leurs provinces non allemandes, nuit à la sécurité internationale du pays entier, qui est toujours à la veille de participer à une guerre où ses intérêts ne seraient pas directement engagés.

Donc, l'Autriche et la Prusse s'y opposeraient, si toutefois l'un de ces deux gouvernements n'acceptait pas, à la condition d'avoir pour lot l'Allemagne entière.

Que ferait l'Allemagne ainsi divisée contre la France, la Russie, l'Italie, la Hongrie et la Pologne qui l'envelopperaient de trois millions de soldats, s'il le fallait, sans franchir la ligne de ses frontières fédérales, se contentant de l'isoler du reste de l'Europe jusqu'à ce qu'elle eût régularisé sa situation intérieure?

4° La France et l'Angleterre ne pourraient, dira-t-on, abandonner leur politique traditionnelle au sujet de Constantinople. Pourquoi non? Cette politique n'a d'autres motifs que l'impossibilité de s'entendre pour la suppression de la Turquie, dont l'existence en Europe est un fait contraire aux plus simples notions de justice, et qui choque le bon sens; pourquoi les puissances ne profiteraient-elles pas des circonstances où nous nous trouvons pour en finir une bonne fois avec cette question?

Ce qui motive l'antagonisme des deux grandes

nations de l'Occident, c'est moins le désir qu'on pourrait leur supposer de faire des conquêtes nouvelles, dont elles n'ont besoin ni l'une ni l'autre, que le désir de s'empêcher mutuellement d'en faire. Le jour où chaque nation sera convaincue que son alliée ne veut rien pour elle, l'entente sera bien près d'être établie.

Ne serait-il pas temps de réduire à leur juste valeur ces craintes qu'inspire l'ambition de la France? Qu'on étudie la composition des grandes puissances de l'Europe, toutes sont formées de provinces conquises qui réclament énergiquement leur nationalité et leur indépendance ; la France, seule, est composée de provinces françaises. La Lorraine, l'Alsace, la Franche-Comté, la Flandre française, la Savoie, le comté de Nice, ont été enlevés à d'autres États et sont habités par des populations de race étrangère ; seulement la France a su se les assimiler. Qu'on consulte les peuples à ce sujet, et toutes les nations seront démembrées par les Polonais, les Hongrois, les Italiens, etc. L'Angleterre elle-même n'aurait-elle pas à redouter le vote de l'Irlande, sinon de l'Ecosse. La France seule sortirait intacte de l'épreuve. C'est que pas une de ses communes ne pourrait la quitter pour faire avec une apparence de raison retour à qui que ce soit (la Savoie exceptée, si l'on veut). Notre puissance réside dans notre unité nationale ; là est le secret de notre force. Nous deviendrions vulnérables comme la Russie, l'Autriche la Prusse, si nous avions des populations étrangères à comprimer.

Qu'on craigne notre prépondérance, bien ; mais notre ambition, ce serait méconnaître les faits.

Ni l'Angleterre ni la France n'ayant à redouter que leur rivale s'agrandisse, n'auraient aucun motif de s'opposer au remaniement amiable que je viens d'indiquer.

Mon cher Roux, je ne dis pas que cette idée soit la panacée universelle. Je vous l'ai exposée pour vous démontrer qu'il serait possible de trouver un moyen, quel qu'il soit, de dénouer la situation, sans en appeler aux armes. Voici la fin.

NOUVEAU DROIT PUBLIC EUROPÉEN.

1° La première condition de la paix serait que chaque nation fût placée sous l'empire d'une constitution en rapport, d'un côté, avec les idées les plus répandues à ce sujet, et, de l'autre, avec l'état de l'esprit des peuples de ladite nation.

Cela ne serait pas bien hardi, l'Europe n'est-elle pas déjà presque toute constitutionnelle ?

2° Un traité de commerce commun à toute l'Europe et qui ouvrirait les frontières aux citoyens et aux marchandises, serait signé par les nations.

Cela n'est pas très-neuf, on y marche à grands pas.

Pour rendre les relations plus faciles, l'unité des monnaies et des poids et mesures serait établie.

3° Un conseil européen, ou ce que l'on voudra,

composé par toutes les nations, suivant leur importance, résoudrait arbitralement toutes les questions internationales. Il disposerait d'une force fournie par les populations, dont l'importance varierait suivant les cas.

4° Les conflits n'étant plus possibles, l'Europe désarmerait et chaque nation ne conserverait que les forces nécessaires à sa tranquillité intérieure.

Par suite, la création de nouveaux ports de guerre étant interdite, Constantinople, entre les mains de la Russie, serait une importante place commerciale, mais ne serait jamais un danger pour la civilisation.

Par cette solution, je ne sais si les gouvernements trouveraient leurs vues particulières entièrement satisfaites, mais bien certainement les peuples y trouveraient leur compte : ce qui a bien son importance.

Mais pourquoi vous parler de moyens pacifiques ? Celui-là peut-il être regardé comme bon citoyen, qui essaye de résister à l'entraînement général, et ne dit-on pas partout, sur tous les tons, que la force est le seul moyen d'en finir? Suivez le courant. La guerre donc, la guerre ! — Fermons nos palais des arts et dorons nos arcs de triomphe ! — Que les sources fécondantes du crédit se ferment aux fabriques et s'ouvrent aux armées en campagne ! — Que le feu paisible des usines fasse place au feu des batailles ! — Que le bronze de nos statues écume au fond des arsenaux et se transforme en engins de carnage ; que le fer de nos charrues se torde en armes meurtrières ! — Allons, florissante jeunesse, laissez les joyeux refrains à l'ombre des vieux ormes du village, le clairon du combat vous appelle ! — Allons, jeunes hommes, il n'est plus temps de raisonner sur l'amour de ses semblables, il faut quitter le foyer domestique où vous appreniez à aimer, la cité où vous deveniez des citoyens utiles, pour compléter nos héroïques phalanges et couvrir le sol sanglant de vos cadavres mutilés ! — Qu'importent les larmes des mères et des fiancées, quand résonnent les fanfares de triomphe ! La guerre ! Battons-nous donc, nous nous entendrons après ! — O raison ! que tu es chétive et impuissante, quand s'exaltent les sentiments et que grondent les passions ! — Voile ta face, sublime délaissée, et contente-toi de protester en silence. L'heure n'est pas encore venue où tu règneras en souveraine sur l'humanité.

Recevez, mon cher Roux,

l'assurance de mes sentiments,

ALFRED BROSNE.

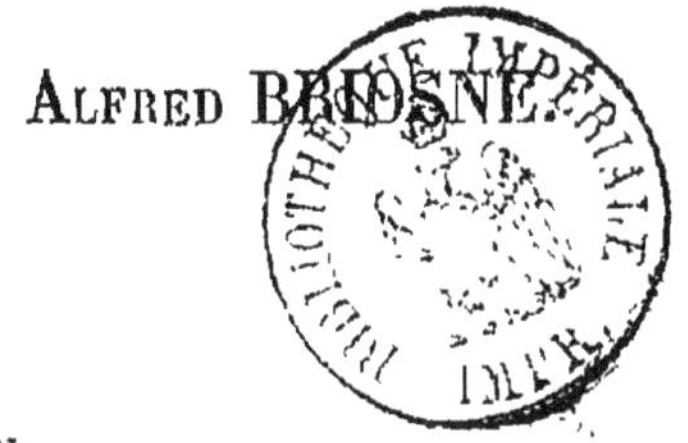

FIN

Paris — Impr. L. Tinterlin et Cᵉ r. Neuve-des-Bons-Enfants, 3.

www.ingramcontent.com/pod-product-compliance
Ingram Content Group UK Ltd.
Pitfield, Milton Keynes, MK11 3LW, UK
UKHW021212230726
13926UKWH00001B/464